Hans-Christian Schmidt
Andreas Német

Eine Wiese für alle

Klett Kinderbuch

Stell dir vor, du bist ein Schaf.
Ein großes oder ein kleines.
Mit kurzem Fell oder mit langem.
Ganz egal.

Und du wohnst gemeinsam mit anderen Schafen auf einer großen, grünen und saftigen Wiese.

Dort geht es euch gut. Ihr versteht euch gut und habt genug zu fressen.

Die Wiese ist auf einem hohen Felsen, dadurch seid ihr geschützt vor Wölfen und vor der Flut des Wassers. Denn unter euch, da ist das große Meer.

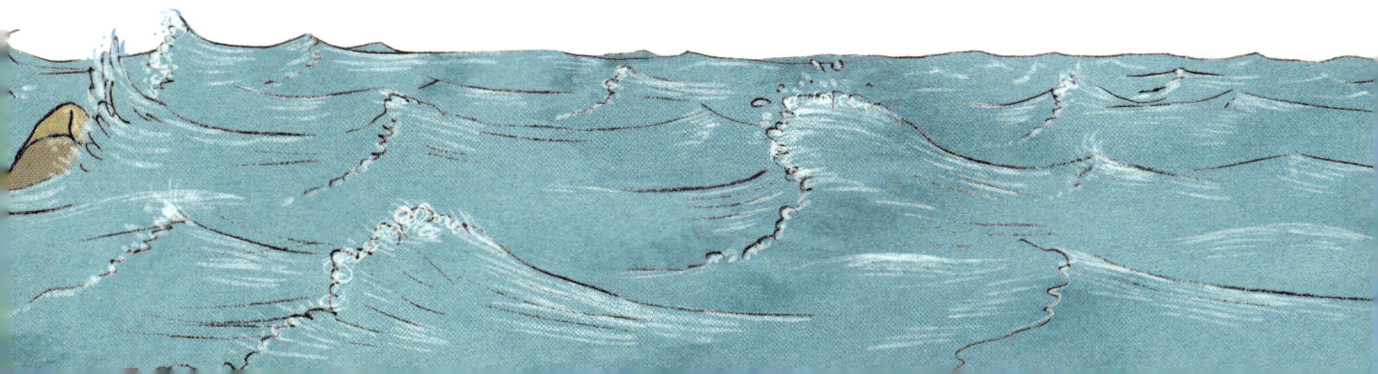

Eines Tages kommt ein Boot gefahren. Ein Tier sitzt darin.
Es ist wohl auch ein Schaf, aber es sieht etwas anders aus.
Das Fell ist dunkler als bei euch. Mühsam hält das Tier
das Boot über Wasser.

„Warum fährst du mit einem so löchrigen Kahn aufs Meer hinaus?“, ruft ihr ihm zu. „Wie leicht könntest du sinken.“

„Ich hatte keine andere Wahl“, antwortet das fremde Schaf. „Ich musste schnell fliehen und dieses Boot war das einzige, das am Ufer war.“

„Fliehen? Warum musstest du denn fliehen? Bist du etwa ein Verbrecher?“

Erschrocken blickt ihr zum Boot.

„Aber nein. In mein Dorf dort hinterm Meer sind die Wölfe gekommen. Sie fressen alle Schafe. Nur mit Müh und Not konnte ich ihnen entkommen.“

„Ach du Schreck!“, sagt ihr und blickt euch erschüttert an. Von den Wölfen habt ihr schon gehört. Die sind tatsächlich sehr gefährlich.

„Bist du ganz allein hier unterwegs?“, fragt ihr schließlich. „Wo ist denn deine Familie? Wo sind deine Freunde?“
Statt einer Antwort schluckt das fremde Schaf, und Tränen treten ihm in die Augen. „Die Wölfe ...“, sagt es noch, dann versagt ihm die Stimme.
„Oh“, murmelt ihr, als ihr begreift. „Das tut uns leid.“

„Warte, wir werden dir helfen“, ruft ihr, und mit großem Schwung werft ihr einen Eimer ins Meer hinein, bis hin zum fremden Schaf.
„Damit kannst du das Wasser abschöpfen in deinem Boot.“ Mit einem guten Gefühl, geholfen zu haben, wendet ihr euch wieder dem saftigen Gras zu.

Da hört ihr nach einer Weile das fremde Schaf wieder etwas rufen.
Als ihr zu ihm blickt, steht es glücklich, aber auch sehr erschöpft am Fuße eurer Insel.
„Könnt ihr mir bitte hochhelfen?“, fragt es mit bittendem Blick.

„Was? Hochhelfen?“ Ihr schaut euch irritiert an.
„Hier hoch zu uns, meinst du?“
Das fremde Schaf nickt erwartungsvoll.
„Moment!“, sagt ihr und schaut streng hinunter. „Wer hat gesagt, dass du hier hochkannst? Wir wissen doch gar nicht, wer du bist.“
„Ich bin ein Schaf“, antwortet das fremde Schaf.
„Und woher wissen wir, dass das stimmt?“
„Aber das sieht man doch …“, entgegnet das fremde Schaf.
„Das sieht man, das sieht man. Pah“, ruft ihr zu ihm hinunter.
„Nachher bist du ein Wolf, der sich nur als Schaf verkleidet hat.“
Ihr schüttelt energisch den Kopf.

„Aber wenn ihr mir nicht helft, ertrinke ich. Die Flut wird steigen und mich hier unten ins Meer schwemmen …“
Und tatsächlich steht das fremde Schaf schon mit den Hufen im Wasser.
Ihr reibt euch nachdenklich die Stirn und schaut auf die glatten Felsen ringsum. „Das ist viel zu gefährlich, dir zu helfen. Wir könnten abstürzen dabei. Willst du das etwa?“

„Natürlich nicht“, antwortet das fremde Schaf, dem das Wasser nun schon bis zum Bauch geht.

„Aber hier unten kann ich doch nicht bleiben.“

„Hier hoch kannst du aber auch nicht“, erwidert ihr streng.

„Hier oben ist schon alles voll mit Schafen. Da ist kein Platz mehr für dich. Das Gras reicht auch nicht für alle. Und nachher schleppst du uns vielleicht noch irgendwelche Krankheiten ein …“

„Das heißt, ihr wollt mich hier einfach sterben lassen? Ist euch mein Schicksal egal?“, fragt es mit großen Augen.

„Aber nein!“, ruft ihr entrüstet. „Es ist uns natürlich nicht egal. Du tust uns ganz doll leid, du armes fremdes Schaf! Aber wir können leider nichts für dich machen.“
Und während euch Tränen des Mitleids übers Fell fließen, halten die Mütterschafe den Lämmern die Augen zu.
So etwas Schreckliches sollen sie nicht sehen.
Ein letzter Blick hinunter: Gluckernde Wasserblasen treiben im Meer.
Da schließen auch alle anderen Schafe die Augen.

Und? Hast du auch die Augen zu?
Dann kannst du das Buch ja jetzt schließen.
Dann ist dem fremden Schaf nun nicht mehr zu helfen.

Was? Du hast die Augen noch auf?
Du willst das fremde Schaf nicht untergehen lassen?
Es soll nicht sterben?
Du willst ihm helfen? Du meinst, wir sollten ihm hinaufhelfen auf den Felsen? Na, dann los. Dann lies weiter.

Nach einer ganzen Weile öffnen die Schafe wieder ihre Augen.
Da steht das fremde Schaf plötzlich mitten unter ihnen.

„Wie kann das sein? Wie bist du heraufgekommen?“, fragen die Schafe.
„Ich hatte zum Glück Hilfe“, antwortet das fremde Schaf und schaut dankbar zu seinem Helfer.

Du lächelst fröhlich, blickst dich um und sagst: „Schaut, hier ist doch Platz für alle. Und Gras ist auch genügend da. Also sei willkommen, liebes Schaf!“
„Vielen Dank!“, antwortet es glücklich. „Ich heiße übrigens Mähmäh. Und du?“

MIX
Papier aus verantwortungsvollen Quellen
FSC® C002795

4. Auflage 2022

Illustrationen und Umschlaggestaltung: Andreas Német
Satz und Layout: Florian v. Wissel, hoop-de-la, Köln
Druck und Bindung: Livonia Print, Riga

Printed in Latvia

ISBN 978-3-95470-242-8

www.klett-kinderbuch.de